HEYNE <

Zum Buch

Kristiane Allert-Wybranietz wurde mit ihren Verschenktexten eine der erfolgreichsten Poetinnen Deutschlands. Ihre einfühlsamen Gedichte sprechen vielen Menschen aus dem Herzen. In ihrer kraftvollen Poesie beschwört sie Zuversicht, Liebe und Menschlichkeit, ohne die dunklen Seiten des Lebens auszusparen. Ihre Gedichte sind nachdenkliche und ermutigende Denkanstöße für ein erfülltes Leben.

Zur Autorin

Kristiane Allert-Wybranietz wurde 1955 in Obernkirchen (Niedersachsen) geboren und lebt heute in Auetal-Rolfshagen. Sie ist Autorin und Herausgeberin zahlreicher Gedichtbände, sieht sich aber dennoch nicht als Lyrikerin: »In erster Linie verstehe ich mich in allen Konsequenzen als Mensch – und das ist Aufgabe für ein ganzes Leben.«

Im Wilhelm Heyne Verlag sind folgende Bücher von ihr lieferbar:

»Lass dir deine Träume nicht stehlen!«
»Der ganze Himmel steht uns zur Verfügung«
»Farbe will ich, nicht Schwarzweiß«
»Hoffnungsschimmer, auf Hochglanz poliert«
»Heut traf ich die Sehnsucht«
»Lach dem Leben ins Gesicht«
»Am Horizont leuchtet die Hoffnung«

und die von ihr herausgegebenen Sammelbände:

Am Ufer der Träume, Nur ein paar Schritte zum Glück

KRISTIANE
ALLERT-
WYBRANIETZ

Geh dem Glück
ein Stück entgegen

Verschenktexte

Mit Illustrationen von
Volker Wybranietz

WILHELM HEYNE VERLAG
MÜNCHEN

Umwelthinweis:
Dieses Buch wurde auf chlor- und
säurefreiem Papier gedruckt.

2. Auflage
Originalausgabe 09/2005
Copyright © 2005 by Autor und
Wilhelm Heyne Verlag, München,
in der Verlagsgruppe Random House GmbH
Printed in Germany 2005
Umschlagillustration: Getty Images/Digital Vision
Umschlaggestaltung: Eisele-Grafikdesign, München
Satz: C. Schaber Datentechnik, Wels
Druck und Bindung: GGP Media GmbH, Pößneck

ISBN-10: 3-453-54000-X
ISBN-13: 978-3-453-54000-2

http://www.heyne.de

Bangemachen gilt nicht

Wir bewahren unsere
Erinnerungen auf

und jedermanns Sammlung ist
einzigartig,

doch gerade die Erfahrungen
in den Abteilungen »Fehlgeschlagen!«,
»Enttäuschungen« und »Katastrophen-
Alarm«
sollten uns
nicht hindern,

dem Glück ein Stück
entgegenzugehen

– immer wieder
aufs Neue.

Nur nicht so voreilig!

Das Glück von morgen
sollte heute nicht
all unsere Zeit, Aufmerksamkeit
und Kraft beanspruchen,

sonst leben wir morgen
mit einer Vergangenheit,
in der wir das Glück
gar nicht wahrgenommen haben,
als es da war.

Geht's um Lebensqualität
bin ich Kleinkrämer

Bei all der Resignation
und Kälte in der Gesellschaft
lege ich die Freude am Leben
nicht
auf Eis.

Tiefgefrorenes hat
viel weniger Aroma und Geschmack
als Frisches
und wieder aufgetaut ist es matschig.

Die angeblichen »Must have«
– Leben gilt es mit sinnvollen Inhalten zu füllen –

»Raffiniert!«,
»Luxuriös!«,
»Hochkarätig!« …
umschmeichelt uns die
Werbewelt, auf dass wir glauben und
kaufen.

– Und viele scheinen
zu glauben und zu kaufen,

scheinen vergessen
zu haben, wie reich, wertvoll
und erfüllend
einfaches Leben sein kann.

Wie stark wird der »Kater« sein,
wenn ihre 5-Sterne-Träume
eines Tages platzen?

Das Glück lacht uns an oder aus

Glücksgefühle
steigen nicht irgendwann
von dem Olymp herab,
auf den wir sie stellen.

Sie mischen sich
mitten im Alltag
in unser Leben

– und zuweilen hört man
sie heimlich kichern.

**Das geht nun echt weit
über meine
Bedürfnisse hinaus!**

In einem Versandhauskatalog
finde ich Angebote wie

Pfotenpflegebox für Hunde ca. 90 €
Adventskalender für Katzen und Hunde
knapp 10 €
Piep-Eier-Uhr um die 40 €
Leuchtender WC-Sitz, blau, mit Bläschen,
runde 79 €
und sogar eine aufblasbare Kirche
für ca. 60 Personen für einen Betrag
über 30.000 € zu haben.

– Welch' Glück, sicher zu sein,
und welche Beruhigung zu wissen,
diese Artikel und noch viel mehr
ganz bestimmt NICHT zu brauchen!

In Zeiten des Terrors

Wenn es Engel
der Liebe,
des Glücks und
des Schutzes

gibt,

scheinen sie
in manchen Zeiten
weit fortgeflogen
zu sein.

Ob sie sich fürchten, die Engel?

Alles eine Frage der Selbstachtung

Ich ging nicht immer
pfleglich
und sorgsam
mit ihr um,

bis mir siedend heiß
einfiel,

meine Achtung oder
Nichtachtung
bleibt bis
zuletzt an meiner Seite.

Manchmal nehme ich mir eine Extra-Portion vom Leben

Ich schlage über die Stränge,
schwänze den Alltag,
breche auch mal Streit vom Zaun,
lache über meine Fehltritte,
bringe Menschen zum Lachen
und lasse ab und an fünfe gerade sein,

nehme die Rügen dafür in Kauf
und tausche sie gerne
gegen die Lobgesänge auf
meine vermeintliche PERFEKte FunkTION.

Jeden Tag eine neue Ausgabe

In Gesichtern können wir
lesen wie in einer Tageszeitung

und finden in jedem Leben
Headlines, Titelstorys, Titelbilder,
Untertitel, Leitartikel,
Suchanzeigen, Traueranzeigen
sowie Eigenwerbung

und ansonsten viel Text
und ansonsten viel
und ansonsten
und   Text.

Loslassen ist oft schwerer, als die Last zu tragen

Gefangen von Erinnerungen und
in Gewohnheiten
verharren viele Menschen

und es braucht oft
eine lange Zeit,
bis wir sie begrüßen dürfen:

»Willkommen in der Wirklichkeit!«

**Zusammenleben ist
eine Gemeinschaftsproduktion,**

in der wir
nicht nur berechnen können,
ob für uns selbst
etwas lohnend ist.

Den anderen etwas Gutes tun,
sie zu bereichern und zu beschenken,
setzt auch ins
eigene Leben
Glanzlichter.

Keine Götter

Unverwundbarkeit
ist weder in unserer
Anatomie
noch in der Seele
vorgesehen.

Ein Leben in Zahlen

nur am Beispiel Restaurantbesuch:

Ich, die Person mit
Ausweisnummer xxx001,
sitze an Tisch 15,
bestelle Gericht 462
mit Beilage 06
für 8,95 €
sowie 2 Bier 0,5 l
mit 4,7 Prozent Alkoholgehalt,
was mir selbst 0,6 Promille
Blutalkoholgehalt einbringt,
7,20 €
inklusive 7 Prozent MwSt.,
also 16,15 €,
und zahle dann mit Kreditkarte
Nr. xx0009,
die später vom Konto Nr. xxx77779
mit Bankleitzahl xxx9992
abgebucht wird.

Der Kontoauszug kommt
per Post ins Haus 6
an der xxxx-Straße
mit Postleitzahl 31749,
wo ich auch telefonisch
zu erreichen bin unter
05 55 50-9 88 88 88
oder eben mobil unter
01 71-0 00 00 68,

aber stopp,
das gehört ja nicht mehr zum
Restaurantbesuch.

Rechenaufgabe:
Wie viele Zahlen hat unsere
Gesellschaft schon an dich vergeben?
Wie viele Zahlen bestimmen
deinen Alltag?

Schutzzonen aufzusuchen

Angesichts der Sintflut
an Informationen,
negativen Nachrichten,
Gejammer und Klagen

zimmerte ich mir
eine Arche Noah
für meine positiven,
mutigen und fröhlichen Gedanken.

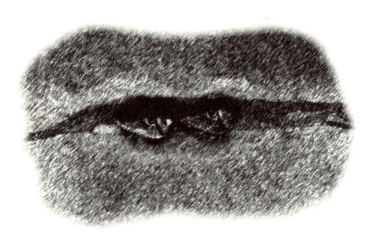

Vorbeugende Maßnahmen
oder prophylaktische Blockade

Gefühle wertfrei
betrachten
ist eine Herausforderung, der
viele nicht standhalten.

Gefühle werden verurteilt,
als negativ abgestempelt, in Kategorien
gepresst,
als naiv oder hysterisch bewertet und
oft viel zu wenig beachtet.

Immer jedoch wollen
sie uns auf etwas aufmerksam machen,

oftmals eben auch
auf etwas,
was wir gar nicht wissen wollen,
was Angst macht und uns
verunsichert …

»Lachen wird verboten?«

Verkniffene Gesichter
sind überall mühelos zu finden:
im Einkaufsmarkt,
im Straßenverkehr,
auf Ämtern,
an Bushaltestellen,
in Fußgängerzonen,
eben allgegenwärtig.

Gibt es bald schon
den strafbaren
Tatbestand des Lächelns?

Oder droht ein Bußgeld für
Aussagen wie: »Es geht mir gut.«?

Die Trefferquote in Richtung Frieden ist noch relativ gering

Missverständnis,
Zank,
Streit,
Uneinigkeit,
Gewalt,
Folter,
Drohungen,
Kriege.

Toleranz und
Akzeptanz des Anders-Seins
scheint ein schwieriges Geschäft zu sein

oder ist das Scheitern
von Friedensverhandlungen
jeder Art
auch Geschäft??!

Ein kleines bisschen Flucht

Ab und zu
nehme ich mir
frei von aller
Vernunft und Sachlichkeit,

denn
ein wenig
Feenglitzerstaub
verzaubert
zuweilen
graue und dunkle
Tage.

Viel beschäftigt!

Meine Fantasie
ist oft im »Blaumann«
anzutreffen,

ständig
werkelt sie in der
Werkstatt meiner Träume.

Passierschein zum Erfolg
– gültig nur in Verbindung mit Einsicht! –

Erfolglosigkeit
liegt oft
darin begründet,
dass wir dazu neigen,
verpassten Chancen
frustriert und jammernd
ausdauernd hinterherzulaufen,

anstatt
von vorneherein
nach neuen Möglichkeiten
zu suchen und zu greifen.

Missbrauch von Schuldgefühlen

Wer sich immer nur
im Schatten aufhält,

ist unkritisch sich selbst gegenüber,
wenn er anderen die Schuld gibt,
dass er keinen
Sonnenplatz hat.

Ungerecht allerdings ist der,
der über den Schatten klagt,
obwohl er einen Standort
in voller Sonne
gar nicht verträgt.

Der Feind sitzt auch in mir

Oft sind
es nur meine
Gedanken,
die mich von
innerer Ruhe
und himmlischer
Gelassenheit
trennen.

Glücklichsein ist auch
eine Frage der Einstellung!

Wir sollten uns
im Leben
nicht zusätzlich
selbst benachteiligen,

indem wir
das Seufzer-Handbuch
stets parat und griffbereit
– fest unter den Arm geklemmt –
haben und bei jeder
kleinsten Gelegenheit daraus
ausgiebig rezitieren.

GE(du)LD

Stehlen
wir der GEDULD
das DU,

geht es nur noch
um GELD.

Wie schade
um das DU.

Wichtige Mitteilung an dich, die nicht so recht gelingen will
— *Ein Liebesgedicht?* —

Ein Schmetterling
lässt sich
falterleicht
auf meinem
leeren Blatt Papier
nieder;

täten die
klaren Gedanken
es ihm doch gleich.

Ungenutztes Potenzial?

43 Muskeln hat unser Gesicht,
etwa 60 Ausdrücke von Ärger und
18 Varianten von Lächeln
können wir damit
hervorbringen.

Kaum zu glauben,
18 Varianten Lächeln (!),
wo sich manche
doch schon ein verkniffenes
mühevoll abringen müssen.

Greift eine Lachmuskel-Lähmung um sich?

Der ganz große Auftritt
– selbst gemacht –

Auch wenn für uns
»der rote Teppich«
im Leben nicht
wirklich ausgelegt wird,
können wir
ihn gelegentlich
selbst ausrollen
für uns.

**Eine künstliche Blume
will ich nicht mehr sein**

Keine Pflanze würde
– ohne überlebenswichtigen Impuls –
ihre Blattform oder Blütenfarbe wechseln
oder sonst etwas an ihrem Äußeren ändern.

Sie ist sie!

Ich bin ich!

– das endlich
zu akzeptieren
war wie
ein warmer
Sommerregen
für meine Seele.

Ämter, Bürokratie und Politik
Säbelzahntiger waren berechenbar

Es kann uns auch heute
immer noch passieren,
dass wir einem Säbelzahntiger
gegenüberstehen
und entscheiden müssen,
ob wir kämpfen können oder
weglaufen müssen.

Da jeder weiß, dass der Säbelzahntiger
längst ausgestorben ist,
kann er in diesem Gedicht
nur sinnbildliche Bedeutung haben;
er ist heutzutage auch nicht mehr
pelzig und nicht in freier Wildbahn
zu finden.

Gedanken, die mit dem Kondor fliegen

– anstatt verzagt am Boden kleben –

Für ein erfülltes und
würdevolles Leben
bedarf es vor allem auch
der Leichtigkeit, Kraft und
Präzision im Denken;

– diese Fähigkeiten
gedeihen nicht
im Klima
der Beengung,
der zeitlichen,
der räumlichen und
der mentalen.

Gedankensplitter aus einer
gedachten Epidemie-Zone

ICH
ICH habe das Recht auf …
Was springt dabei für MICH heraus?
Wo liegt MEIN Vorteil?
Das ist MIR zu teuer …
ICH nehme das erst mal,
wenn's kostenlos ist,
auch wenn ICH es nicht unbedingt
brauche …

Diese Denkansätze
scheinen symptomatisch
zu sein für einen
kollektiven
sozialen Autismus,
der sich rasend schnell
auszubreiten vermag.

Kommunikations-Folter

Kein Genuss ist es,
ununterbrochenes Plappern
anzuhören,
welches erzeugt ist
allein durch Sprachlosigkeit
im Sinne von »Nichts-zu-sagen-Haben«.

»Die neue Leichtigkeit«
für Seele und Gedanken

Um Kraft zu schöpfen
für die Herausforderungen
im Leben,
ist es von Zeit zu Zeit
erforderlich,
die Seele zu entrümpeln,
unnötige Belastungen auszuschalten,
Dinge nicht mehr vor sich herzuschieben,
verkleidete Schuldgefühle aufzuspüren
(aus der Verkleidung heraus hoch-
wirksam),
negative Gedanken zu eliminieren,
den Ängsten ins Gesicht zu schauen
und die Gespenster des
Sorgens und Zweifels zu verscheuchen.

Dankesgedicht und
ein bisschen mehr

Gespräche mit dir
beinhalten auch

Live-Berichte
aus dem
Dschungel der Gefühle:

   – So habe ich
innere schwere Kämpfe
gegen die Zweifel und Unsicherheiten
zu melden,

aber auch wunderbare Ansagen
zu machen,

   – und das Vertrauen, dass du
mich nie auslachst.

So etwas klebt wie Kaugummi auf der Seele

– Schwer davon loszukommen –

Manche Einstellungen
und Moralvorstellungen sind
mir
von jungen Jahren
an
– mit Nachdruck –
ans Herz
gelegt worden;

sie sind mir aber
nicht unbedingt
ans Herz gewachsen!

Seelenheil ist nicht ortsgebunden

Wenn wir meinen,
dass unser Seelenheil
gerade anderswo liegt,

und wir uns dorthin
aufmachen,
werden wir vermutlich
feststellen,
dass es dort auch nicht
zu finden ist.

Warum schauen wir
so wenig in uns,
um ein Stück davon
dort zu finden?

Innen jung

Die Schatten
der Vergangenheit
dürfen sich
in den Falten
meiner Haut zeigen,
sie dürfen sich
aber nicht dauerhaft
auf meine Seele
legen.

Vorsicht! Störung! Angst!

(eine Verbindung zur Vernunft kann derzeit nicht hergestellt werden!!)

An manchen Tagen
thront
die Angst
auf meinen Gedanken,
in meinem Erleben und
mitten in meinem Handeln

… und führt sich auf
wie die zickige Kronprinzessin
meiner gesamten Persönlichkeit.

Impression im Steinbruch
– Die Frage nach dem Woher und Wohin –

Milliarden und
Abermilliarden
winzigster
Mirko-Felsen
tanzen
schwebend
durch die Luft.

Staub!

Und betrachten wir die
gesamte Menschheit,
die war, die ist und die noch kommen wird,
so sind wir alle
ein Teilchen davon.

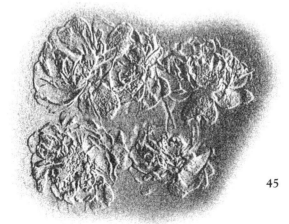

Mitten im Restrisiko innehalten

Wer immer
zwischendurch
mal Lebensbilanz
zieht,
sich umschaut, wo er wirklich steht,

verringert die Gefahr,
von der Erkenntnis
kalt erwischt zu werden,
nur nach
Strich und Faden
ausgenutzt worden zu sein.

**Bleib dem Glück
auf der Spur**

Wer stets
nach Spuren
ins Gestern
sucht,
verpasst heute
den
einmaligen Tag
da draußen!

Mord per Wort

Es gibt
Gifte, die töten,
kaum Spuren
hinterlassen und
nach einiger Zeit
gar nicht mehr
nachweisbar sind. –

Ebenso ist es mit giftigen
Gedanken,
übler Nachrede und
Geschwätz bis hin zum
Rufmord.

Silberfarbenes Liebesgedicht
– 25 Jahre rostfrei –

Immer wieder
angezweifelt,
doch es bleibt dabei:

Große,
ehrliche Gefühle
sterben nie!

Sie sind rostfrei
wie Edelstahl.

Aktivierung meiner
»Privat-Armee«

*– zwecks Befreiung entführter Hoffnung
und verschleppter Träume –*

Die Sinne schärfen,
die Schleier der Täuschung
herunterreißen,
die Waffen ölen,
die eigene Kraft erkennen
und nutzen,
um dann gezielt
loszuschlagen!

– So gelingt die Jagd auf die
versteckten
Lebensdiebe,
Energieräuber,
Freudebetrüger,
Hoffnungsentführer und
Geiselnehmer der Träume!

Umsetzungsschwierigkeiten?
– aber bitte nicht wie in der Politik –

Fix geht mal
der Überblick
in einer
rasant gewachsenen,
schnelllebig
und grenzenlos
gewordenen Welt
verloren.

Dann gilt es,
sich präzise
zu orientieren,
um dann
erneut loszulaufen
mit einem großen, umfassenden
persönlichen Reformpaket.

Evolutions-Rowdys
*– verglichen mit der Menschheit
waren die Dinos harmlos –*

Erst weniger als zwei
Sekunden* vor Mitternacht
auf der Erdzeituhr
betritt der Mensch die Bühne
auf diesem Planeten.

In solch' kurzer Spanne
haben wir schon
verdammt großen Schaden
angerichtet.

* 1 Sekunde entspricht etwa 50.000 Jahren.

**Bleibt nur der tapfere Blick
auf das Dilemma
– und dann ab in die Zukunft!**

Fantasievolle Entschuldigungen,
ausweichende Erklärungen,
geschickte Ausreden,
zurechtgebogene Wirklichkeiten,
halbseidene Wahrheiten,
schöngeredete Missstände

füllen nicht
die Leere,
die bleibt,

wenn der Seele Notstand
uns in Erklärungs- und Handlungszwang
bringt.

Alltags-Zauber-Droge
(nicht süchtig machend)

Ein Lächeln
kann ein Licht
entzünden –

selbst in
fast erloschenen
Feuern.

Tu was! –
Schaufel deinen Weg frei.

Es gibt zahlreiche Helfer dabei,
zum Beispiel
ist Vertrauen wertvoll,
Intuition hilfreich,
Humor wichtig.

Aber einen verlässlichen Leitfaden,
womöglich noch als
»Schritt-für-Schritt-Anleitung«
für das Gelingen des Lebens
suchen wir vergebens.

Lebensgemeinschaft
– Das muss Liebe abkönnen –

Ab und an ist
KLARTEXT
nötig,

unverzichtbar
das offene Wort,

sonst laufen die
Echtheit
und das Verständnis
fort.

Der moderne Mensch

– Trotz aller Mobilität irgendwo sitzen geblieben –

Nomaden haben keine Stühle.
Wenn sie nicht in Bewegung sind,
hocken sie.

Der sesshafte Mensch
hat Stühle und sitzt
viel zu viel und zunehmend häufig
zwischen denselben.

Aber Chef bist du!

Gedanken und Gefühle
gehören zu jedem.

Lassen wir sie zu Wort kommen
in Grundsatzdebatten,
Delegiertenversammlungen,
Generalversammlungen,
in Ausschüssen
und in Spezialabteilungen,

aber die »Geschäftsführung«
unseres Lebens
sollten wir selbst
in der Hand behalten.

Only One-Way

Unser Leben
ist
ein
Einwegprodukt

und Pfand ist
auch nicht drauf;

umso **m**ehr
Wert sollten
wir ihm beimessen.

Sanierungsbedürftig
oder schon insolvent?

Technisches Know-how,
Qualitätsmanagement,
Produktweiterentwicklung
und ein umfassendes Service-Angebot

sind heute
Standards in großen
Industriebetrieben.

Ich finde mich
in meinem Leben
nicht ganz so gut organisiert,
was das Know-how, die Weiterentwicklung
und den Service für die Kleinigkeiten
betrifft.

Vom Wunsch-Erfüllen
bitte nicht nur träumen
*Ein Gedicht zum Selbstausfüllen**

Mutig sein

*

Das sind Versprechen,
die ich mir, dir und dem Leben
gebe.
Hilfst du mir bei der Einlösung?

Hochgradig wirksam

Gedanken werden in
ihrer Wirksamkeit
immer wieder unterschätzt,

aber es ist die unumstößliche
Regel:

»Ich kann nicht ...« – lähmt uns.

»Das schaffe ich!« – gibt uns Kraft.

Die Nachfrage nach Engeln steigt

Der Wunsch, die Hoffnung und
die Sehnsucht nach
guten Geistern und
beschützenden Kräften

wird nicht immer erfüllt.

Jedenfalls nicht
von außen.

Warum suchen und
vertrauen wir nicht dem
Engel in uns selbst?

Du bist etwas Grundlegendes
in meinem Leben

Manchmal fehlt mir dies,
vermisse ich jenes,
entbehre scheinbar dieses …

und manchmal
bist DU
alles, was mir fehlt.

Sie steht nie still – die Zeit

Eine Zeit weicht der anderen

– unausweichlich und
nicht aufhaltbar –,

auch wenn
sie sich
zuweilen
träge in
der Gegenwart suhlt.

Zukunftsmusik für
mein ganzes Leben
*– Jetzt lass ich auch nicht
jeden mehr am Kassenband vor –*

Ich muss mich
ja nun nicht immer
um jeden Preis
vordrängeln,

aber **früher**
stellte ich mich
fast immer
freiwillig hinten an,

doch setze ich mich
heute selbst nie
mehr auf die
hinterste Position
einer Warteliste.

Zweitwohnsitze an den (Ruhe-)Polen

So ist das
Laute wie auch
die Stille
zuweilen
eine Insel,
die mich magisch
anzieht.

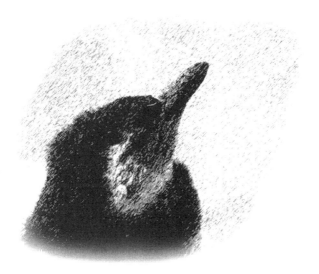

Glück, Glück

Glück, Glück,
Erfolg, Erfolg,
Glück, Glück – – –

Wen packt da nicht
die Sammelleidenschaft?

Die Taschen werden
schwer und schwerer;

kommt das Gewicht
vom Scheinerfolg und
Scheinglück,
dann sind das
außergewöhnliche Belastungen.

AUF IMMER MEIN

Mit uns selbst
haben wir
keine Verlobungszeit;

gleich nach der
Geburt
gehen wir
einer dauerhaften Lebensgemeinschaft
mit uns selbst
entgegen.

Selbstvertrauen

– sich neu ausprobieren –

Als ich endlich
Frieden schloss mit
der Vergangenheit,
den Mut fand,
neue Wege zu wagen
und meine Kräfte und
das Vertrauen in mich
zu stärken,

war ich überrascht,
welche längst versunken
geglaubte Schätze
ich doch
noch bergen konnte.

Gelassenheit

Auf einem Gartenmarkt
erstand ich eine Terrakotta-Fliese
mit folgendem Spruch:
»Geduldig wartend überdauert
das Unkraut des Menschen
nichtiges Tun.«

Davon ein klein wenig bestätigt
und ermutigt,
werde ich weiterhin mit Freude
meinen Wildgarten pflegen und genießen,
wenn auch mancher Besitzer
eines glatt rasierten »Gartens«
die Nase rümpft.

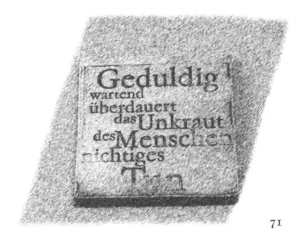

Geht die Sache nicht irgendwann hoch?!

Vertuschen,
Verdrängen
& Co. –

Darin sind
viele Meister
und ich hätte gerne dringend
Antworten auf die in mir
schwelende Frage:

»Wie lebt man so
am Rande
eines Vulkans?«

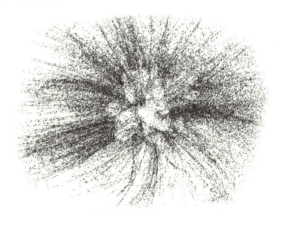

Geld ist nur ein unzureichendes Heilpflaster

Schuld, die wir auf uns geladen haben,
verpasste Chancen,
ausgelassene Gelegenheiten
und sonstige Versäumnisse

können wir uns selbst
gegenüber selten wirklich
wieder gutmachen;

auch dann nicht,
wenn wir
eine Ablöse in
Millionen Euro
hinblättern könnten.

Zweierbeziehungen

*– Gründe für die hohe Sterblichkeitsrate
der »großen Liebe« –*

Wenn wir den Partner besitzen möchten,
in Formen zwängen wollen,
nur unsere Maßstäbe gelten lassen,
ihn klein halten, sein Wachstum
behindern,
ihm Fesseln anlegen und ihn festbinden
wollen,

ist es nur eine Frage der Zeit,
und die einst magischen Momente
werden zu tragischen.

Unsicheres Terrain
– Vertrauen verteilt man nicht wie
Postwurfsendungen –

Versprechen aufgebaut nur
auf Säulen aus Angst,
Lüge, Schein und Selbstzweck
ist ein marodes Gebäude

mit nur wenig Tragkraft.

Es bricht
bei den
geringsten Belastungen
zusammen.

Lebensnavigation
– navigare necesse est –

Sich treiben lassen,
träumen oder nichts tun

und
dann wieder
das Ruder fest
und entschlossen
in die Hände nehmen
und das nächste Ziel
mit Beharrlichkeit
ansteuern.

Auf Wiedersehen im Nirgendwann?

Natürlich können
wir die Zeit für unsere
ureigensten Bedürfnisse
verschieben,

selbstverständlich können
wir Termine mit und für uns
jeder Zeit absagen

und ohne Frage können wir
unser ganzes Leben verschieben

… nur wohin??

Wir sind das Bodenpersonal

Die elegante Leichtigkeit
von Schmetterlingen
in ihrem
kurzen, bunten Leben

ist uns Menschen nicht zu Eigen,
und doch
als ein
Hauch von Sehnsucht
spürbar
in uns lebendig.

Bitte rechtzeitig einordnen!

– ohne Verständnis kein entspanntes Miteinander –

Verzeihen
ist ein Wegweiser
auf der
Straße zum
Verständnis.

»Die Freiheit nehme ich mir«
– oder Schneckentempo erlaubt –

Schnell was,
schnell noch,
schnell mal eben,
schnell, schnell, schnell.

Zeit kann ein
enges Korsett sein;

wie befreiend war es,
zu lernen,
mir das
Mieder der Zeit
großzügig
zu schnüren.

Liebe verzeiht Lüge nicht

Wenn alles auch
noch so schön
zusammenmontiert ist,

jedoch der Motor fehlt,

läuft gar nichts.

**Auch Herkules hat
mal geschwächelt**

Hin und her
balancierend
zwischen Standfestigkeit
und Mich-Ducken,
ist meine allgemeine Lage
stabil,

doch an manchen Tagen
bin ich nur noch
ein Schatten meiner selbst.

Unsere Lebenstage
gehorchen nicht den Gesetzen
eines Bumerangs

Nehmen wir an,
die uns zur Verfügung stehenden Tage
seien wie Wurfgeräte,
über die wir verfügen können;
so sollten wir keinen
ängstlich oder gar achtlos wegwerfen,
denn sie kommen nicht
zurück.

Kommunikation 1505 bis 2005

Vor 500 Jahren
brauchte eine Nachricht
zirka eine Woche,
um über eine Distanz von tausend
Kilometern
dem Empfänger überbracht zu werden.

Heute genügt ein
Tastendruck oder Mausklick
und die Nachricht
geht in Sekundenschnelle
gleichzeitig an mehrere
Adressaten in aller Welt.

Ob das die Qualität
der Verständigung
verbessert hat,
ist selbstredend
eine rein rhetorische Frage.

Welche Gäste habe ich da
in meinem Portmonee?

– Seltsame Verbundenheit, ob man will oder nicht –

Sie sind mir alle vertraut,
aber sie wechseln häufig.

In welcher Hand war dieses Geld schon?
Welche Wünsche wurden damit erfüllt?
Welche Geschäfte getätigt?

Alles möglich:

Kaugummi, Barbiepuppe oder Gameboy
für ein Kind
oder die Kosten für eine Abtreibung?

Hochzeitsfeier oder Scheidung?

Trinkgeld im Nobelrestaurant oder
Bockwurst mit Senf und Brot am Kiosk?

Waffen, Drogen oder
Spende für wohltätige Zwecke?

Babyausstattung oder Beerdigung?

Immer nur sind sie eine Weile
bei mir, diese monetären Gäste
und erfüllen dann anderswo
ihren Zweck …

Manchmal nur ein Augenblick

So plötzlich
wie ein Schmetterling
von der Blüte,
an deren Nektar er
sich gerade noch labte,
abhebt
und aus unserem Blickfeld
verschwindet,

so tut es auch das
Glück,
wenn wir ihm keine
Zeit widmen.

Bloß nicht die Hoffnung und die Würde aus dem Sprachschatz streichen

Zuversicht
Zuverlässigkeit
Gerechtigkeit
Hoffnung
Frieden
Solidarität
Liebe
Toleranz

Werden das bald
Wörter sein,
die niemand mehr kennt?

Gewalt
Hass
Schuld
Terror
Krieg
Betrug
Abzocke
Feindlichkeit

Wären das nur
Wörter,
die niemand mehr kennt!

**Zu unserer Hochzeit
schrieb ich dir damals ein
Liebesgedicht:**

»Ich möchte dir eine Blume sein,
die es nicht gibt.
Immer schön. Immer duftend.
Immer frisch, jedem Wind und Wetter zum Trotz.
Doch stehe ich oft da
mit zerzausten Blütenblättern,
lasse manchmal den Kopf hängen
und werde auch verwelken.
UND DU MAGST MICH SO.«

**25 Jahre später zur
Silberhochzeit bekommst du immer
noch ein Liebesgedicht:**

Unser Zusammenleben sollte sein
wie eine schöne und störungsfreie
Motorradreise;
zahlreichen Erfahrungen zum Trotz.

Immer anspringen,
kein Ölverlust, keine Reparaturen,
ohne Pleiten, Pech und Pannen.

Doch gab es reichlich Pannen,
so mancherlei zu reparieren
und umzubauen.

ABER IRGENDWIE LÄUFT
DIE KISTE IMMER!!

Wellness-Tipp

Dinge, Güter und
andere Statussymbole
einzutauschen

gegen Zeit,
die wir nutzen können,
das zu tun,
was unser Herz, unser Geist
und unsere Seele
wirklich begehren,

ist eine echte
Erhöhung der Lebensqualität!

Das Glücksarchiv nie
verstauben lassen

Das flüchtige Glück,
das verlorene Glück,
das unerwartete Glück,

haben wir ebenso
zu verwalten und
zu bewältigen wie

das beständige Glück,
das gefundene Glück,
das erinnerte Glück.

Eigenverantwortlichkeit
ist das Zauberwort

Wenn etwas gründlich
schief ging,
der Zorn groß ist,
sucht man die Verantwortlichen
gern woanders,
weit fort
vom eigenen Einflussbereich
und findet doch meistens
einen, der den Mist
– zumindest teilweise –
zu verantworten hat,
bei sich selbst.

Geduld schützt die Dinge,
für die wir noch nicht bereit sind

Manche unserer
Lebensträume
verharren lange Jahre
wie Blätter im Winter

– eng an den Ästen
der Bäume gefaltet
in ihren Knospen

– und brechen,
wenn die Zeit reif ist,
fast plötzlich und in Überfülle
hervor.

Innenleben

Wenn wir
in unserem Innenleben
beschauliches Dorfleben
ebenso wie das
pulsierende Leben
einer dynamischen Metropole
ertragen und genießen können,

hat unser Selbstvertrauen
dem Leben Tür und Tor geöffnet.

Amelie Fried

Amelie Fried schreibt
   »mit dieser Mischung aus Spannung,
Humor, Erotik und Gefühl
   wunderbare Frauenromane.« **Für Sie**

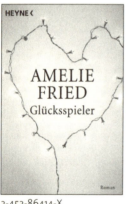

3-453-86414-X

*Am Anfang
war der Seitensprung*
3-453-15589-0

Der Mann von nebenan
3-453-17733-9

*Geheime Leidenschaften
und andere Geständnisse*
3-453-18665-6

Glücksspieler
3-453-86414-X

*Verborgene Laster
und andere Geständnisse*
3-453-87129-4

Liebes Leid und Lust
3-453-87809-4